Peter Lenz

Zur Ästhetik der Beuroner Schule

Peter Lenz

Zur Ästhetik der Beuroner Schule

ISBN/EAN: 9783743330436

Hergestellt in Europa, USA, Kanada, Australien, Japan

Cover: Foto ©Thomas Meinert / pixelio.de

Peter Lenz

Zur Ästhetik der Beuroner Schule

Zur
Ästhetik der Beuroner Schule.

Von

P. Desiderius Lenz O. S. B.

Wien und Leipzig.
Wilhelm Braumüller
k. u. k. Hof- und Universitäts-Buchhändler.

Die Allgemeine Bücherei

Nach manchem Bedenken hat der Verfasser der folgenden Blätter in deren Veröffentlichung gewilligt. Ihm wird ein großer Kreis reiche Anregung zu tieferem Besinnen danken. Die Verantwortung aber für das Unbehagen und die Mißverständnisse, die seine hohen Gedanken bei Einzelnen erregen mögen, will der Herausgeber gerne auf sich allein nehmen. Ihm schien es notwendig, daß diese Anschauungen im vielköpfigen, ästhetischen Parlament unserer Tage zum Worte kämen. Ihre Sprache wird sich so fremdartig ausnehmen, wie wenn ein Prophet die Cathedra eines Akademieprofessors besteigen wollte, die Gedanken werden mit Bedenken, die ihnen zur Seite gehenden Werke mit Vorbehalten aufgenommen werden. Aber sollte in unserer Zeit, wo jeder Versuch, jede Mode, jede Laune sich aufdrängt, gerade nur das Allererhabenste, das Ernsteste, das Tiefgründigste, das Überlegteste sich keine Beachtung verschaffen dürfen? Hat der Spaß, die Frivolität, die Gedankenlosigkeit, die Mode, das Virtuosentum, die Mache, die Launenhaftigkeit nicht schon längst den Gipfel des Überdrusses erstiegen, so daß es unsere Kunst nach der herben, aber gesunden Speise des Lebens, nach Einfachheit, Notwendigkeit und Ernst dürsten müsse?

Die folgenden drei Kapitel stammen aus verschiedenen Zeiten. Das dritte, vom Mai 1865 aus Schlanders in Tirol datiert, ist einem Memorandum entnommen, das der damalige Bildhauer „Peter Lenz" an das preußische Ministerium richtete. Die beiden ersten Kapitel stammen aus einem Aufsatz, den P..Desiderius vor wenigen Jahren dem Andenken seines Freundes P. Gabriel gewidmet hat. Ein Teil davon ist in den historisch-politischen Blättern abgedruckt gewesen. Von diesem Druck sind einige wichtige Stellen (im ersten Kapitel) wieder aufgenommen, die Hauptsache aber (das ganze zweite Kapitel) ist aus dem Originalmanuskripte ergänzt.   Richard Kralik.

I.

In München lernten sich im Frühjahre 1851 zwei junge Künstler kennen, einst bestimmt, die Begründer der blühenden Beuroner Kunstschule zu werden. Es waren Peter Lenz, später als Pater Desiderius bekannt, und Jakob Wüger. Dieser, von calvinischen Eltern in Stockborn am Untersee, Canton Thurgau, im Jahre 1829 geboren, hatte 1847 die Münchener Akademie bezogen. Peter Lenz, im Jahre 1832 zu Haigerloch in Hohenzollern geboren, war Ende November 1850 nach München gekommen, zuerst an die Modellierschule des Polytechnikums, dann erst war er als Bildhauer in die Akademie eingetreten. Vorher, noch als Knabe, hatte er die Anleitung des Baurates Zobel genossen, eines ihm väterlich gesinnten Gönners, der ihm seinerzeit auch den guten Rat mit auf den Weg gegeben hatte: „Geh immer mit Leuten um, die über dir stehen und mehr können als du." Dann aber waren Jahre der äußeren Entfremdung von der Kunst gekommen und hatten alle Erstlingskunstfreuden gleichsam verschüttet. Darüber lassen wir den Jünger selbst reden.

Ich war in ein geistig Elend hineingeraten; etwa fünf Jahre vergingen, da konnte ich mich frei machen, und nun waren alle jene alten Eindrücke und Empfindungen wieder neu erwacht und neu belebt von der Herrlichkeit Neu=Münchens. Alle die Kunstwerke aus der Periode König Ludwigs I. umgaben mich wie eine Zauberwelt.

Aber zugleich fühlte ich mich umhüllt wie von einer Wolke von Fragen. Bei mir war alles nur „Gefühl" und warmer Nebel, aber die Sonne der Kunst, ihr Licht konnte ich nicht sehen. Daß es mit Arbeiten, mit der Handfertigkeit allein nicht getan sei, das fühlte ich zu deutlich, ich aber hatte ein Verlangen, von der Kunst alles zu wissen. Zu diesem hatte mir der liebe Gott außer einigen Mitteln zum Anfang eine unbegrenzte Sorglosigkeit betreffs meiner ferneren Existenz gegeben, und faktisch hatte Er diese Sorge auf sich genommen. So wandelbar und wunderbar es oftmals zuging, es ging immer, und ich war dann am fröhlichsten, wenn ich am ärmsten war.

Wüger war Maler, ich angehender Bildhauer. Am meisten wußte ich von Architektur. Meine Kraft war schwach, alle kostspieligen Studien etwa nach der Natur mußte ich mir versagen und da ich auch ohne die so überaus nützliche und notwendige Vorübung einer ordentlichen technischen Lehrzeit so plötzlich auf eine Stufe hinaufgeschoben wurde, die weit über meinen Kräften stand (wenige Monate früher war ich noch Schreiner gewesen), so war ich eigentlich wie einer, der keinen Boden mehr unter den Füßen fühlt. Ich ging viel allein in die Glyptothek, um die Originalwerke griechischer Kunst, namentlich der alten Periode, zu studieren, vor allem die Agineten mit ihren Zeitgenossen, Vorfahren und nächsten Nachfolgern. Diese Kunst zog mich magisch an, besonders deswegen wohl, weil ich für architektonische Formen in ihnen am meisten vorgebildet und im Gefühl am meisten empfänglich war. Ich erkannte klar, daß diese Kunst so ganz anderer Art sei als die Renaissance und alle ihre Abkömmlinge in der neueren Kunst. Daß hier jede Form und Falte so harmonisch geteilt und abgemessen ist, so unverrückbar an ihrem Platze steht, daß jede Verschiebung das Ebenmaß und die Wahrheit stören würde, daß der Körper in seinen schönen Proportionen und seiner typischen Einfachheit auch alle Gewandung so fein und einheitlich bewegt, so sicher accentuiert, — das erzeugt einen wunderbaren Hauch der Ruhe, Sammlung, Willensklarheit. Während namentlich in der Renaissance alles mehr nur wie durch Zufall, auf den äußersten Effekt hin arrangiert erscheint, Formen und Falten nur von unklarem, blindem Gefühl aneinandergeschoben, strömt hier alles Maß von dem einen Maßstab des Körpers aus, alle Linien und Formen auch der Gewandung willenseinheitlich beherrschend.

Es war niemand da, der die Antike und ihre geheimnisvolle Technik hätte erklären können; in der Malerei herrschte bezüglich der Farbe noch der Freskostil, ohne daß noch eine klare Stellung gefunden war zu den Coloristen der Renaissancezeit oder zu den älteren Farbenkompositionen, z. B. der Mosaiken.

In den Komponierklassen herrschte noch eine quasi-ideale Richtung und Methode. Nachdem eine leidliche Skizze gefertigt, sollte unter Benützung von Akt, d. h. lebendem Modell und Gliedermann, das Werk entstehen. Mit Hilfe der antiken Vorbilder und der Methode der Meister sollte die Natur so unter der Hand etwas vereinfacht und idealisiert werden; zu scharf sollte man ihr nicht ins Angesicht schauen, damit man nicht dem Realismus verfiele. Einige Kenntnis des menschlichen Körpers vermittelten die zur Winterszeit allabendlich gepflegten Aktstudien; dann half das kurze Studium eines speziellen Modells, die notwendigsten Haltpunkte für die Figuren und Gruppen der Komposition zu fixieren. Mit dem Messen verlor man wenig Zeit. Denn obwohl man an ein Gesetz der Verhältnisse glaubte, vernünftigerweise glauben mußte, so herrschte darüber doch ein großes Dunkel. Nur die wenigen von Vitruv aus dem Schatz der Alten überlieferten Maße kamen, wenn es gut ging, in Betracht. In der Tat kann, wo die Perspektive waltet, von einem Messen nicht die Rede sein. Auch die Bildhauer wußten mit den noch Schuh und Zoll ausgemessenen Modellen des Schadow'schen neuen Polyklet wenig zu machen. Selbst hier wäre eine schulmäßige Einführung in die Kunst des Messens nötig gewesen. Eine eigentliche Grundfigur, ein Universalschlüssel für alle Maße, war nicht geboten; so erschienen die beliebig wiederkehrenden Schuhe und Zolle als eine rein zufällige, individuelle Sache, und da man ohnehin genötigt war, lebendes Modell zu verwenden, so hielt man sich lieber gleich ganz an dasselbe. Von Feinheit, Einheit der Verhältnisse hatte man kaum eine Ahnung. Die Gewandung wurde im ganzen nach dem Gliedermann gezeichnet oder aus Einzelmotiven kombiniert, so gut es ging; es wurde vor allem auf schöne Einzelmotive gesehen, aber nicht auf das Leben und die Einheit des Ganzen. Das führte notwendig zu einer Scheinnatur, nicht zur wahren Natur, nicht zum Verständnis der wahren, an und vom menschlichen Körper bewegten Gewandung. Nur Eines wurde immer noch als heilige Tradition der Schule hochgehalten: der gute Bau der Komposition, ein architektonisches Element in derselben; das war das wirklich Ideale, was die Akademie hatte. Aber ihre großen Schwächen in Form und Farbe ließen nicht über ein Mittelding hinauskommen, das weder mehr ganz ideal, noch auch ganz real war.

Inzwischen war der Zeitgeist ein anderer geworden. Man wurde des Idealen übersatt; man hatte Verdacht gegen die Echtheit desselben; man fing an, nach dem Realen zu hungern. Darwin'sche Ideen griffen auch in der Welt der Kunst um sich. In den Eingeweiden der Gesellschaft wütete die zersetzende, frivole Kritik; die Pietät schwand mehr und mehr. Dazu kam die zerstörende Invasion aus Welschland, welche die Natur zu einer Art Götzen machte. Die Akademie konnte sich dem Ansturm nicht ganz entziehen, er richtete sich gegen ihre schwache Seite, gegen ihr unklares und unreifes Verhältnis zur Natur und zur klassischen Kunst. So zog sich allmählich über ihr ein unheilschwangeres Gewitter zusammen. Es kamen so manche, welche nie auf das Programm der akademischen Kunst geschworen, sondern sich von Anfang mit der behaglicheren Renaissance verbündet hatten, weniger nach hohen Idealen strebten, als dem frohen Lebensgenuß und Sinnenreiz in der Kunst huldigten. Das Bekanntwerden mit den Werken französischer und belgischer Künstler mit ihrem feineren oder derberen Naturalismus berückte die Köpfe. Bald galt ein Beduinenüberfall von Horace Vernet mehr als des Cornelius Kampf um die Leiche des Patroklus, das „Schmerzvergessen" von Gallait mehr als der schönste Overbeck. Schriftsteller mit ewig nörgelnder, nagender Kritik erhoben sich gegen die Akademie; alles Ideale wurde rücksichtslos in den Staub gezogen, alles, was dem Naturalismus diente und zusteuerte, in den Himmel erhoben.

Eine gewaltige Erschütterung, ein unsicheres Schwanken, ein fieberhaftes Suchen und Tasten war über die ganze Kunst gekommen. Sie war lediglich Sache des individuellen Beliebens, der subjektiven Laune, des Zeitgeistes und der Mode geworden, ohne festes Formprinzip in sich, steuerlos dem Naturalismus und Individualismus preisgegeben, in die ganze Veränderlichkeit seiner Faktoren mit hineingerissen. Verloren gegangen waren die festen Form- und Sprachprinzipien, die bleibenden typischen Elemente der alten Kunst, welche durch Jahrhunderte und Jahrtausende unverrückt blieben, die ewigen Gesetze der Natur, welche die Kunst dirigierten, adelten, individuelle Schwachheit, Unbeständigkeit, Kleinheit zu sich erhoben. Der einzelne war lediglich auf sich selbst gestellt, ohne festen objektiven Standpunkt gegenübergestellt der Natur mit ihren tausenderlei wechselnden Erscheinungen, mit ihren unendlichen Variationen der Menschengestalt, ihnen gegenübergestellt fast wie ein mechanisch arbeitender Reproduktionsapparat, der mit der Photographie rivalisieren will; in Gefahr, vor lauter Bäumen den Wald, vor lauter Spezies die Gattung nicht mehr zu sehen und zu finden. Die Kunst selbst war so lediglich auf das kunstübende Individuum gebaut, damit einem beständigen Fiebern, Haschen, Jagen überantwortet, genötigt, in jedem einzelnen wieder ganz von vorn anzufangen.

Hier fehlt überall das Gegengewicht, das Halt=
gebende, der objektive Lebensgrund der Kunst: das
Typische, das Normale, der Stil, der auf Grundzahlen,
Grundformen, auf festen Maßen beruht. Nur dieses
Element der sogenannten ästhetischen Geometrie vermag
das Meer der Variationen in der Natur zum Still=
stand zu bringen, ordnend, scheidend, vereinfachend in
die überquellende Fülle der Erscheinungen einzudringen.
Dieses erst befähigt den einzelnen, nicht mechanisch nach=
bildend, sondern als vernünftig erkennender und unter=
scheidender Geist der Natur gegenüberzutreten. Mit
Hilfe dieses Elementes gelingt es, namentlich die end=
losen Variationen der Menschengestalt auf eine übersehbare
und unterscheidbare Zahl von Charakteren zurückzuführen,
welche sich wieder um den „Canon", die Norm, reihen,
der nicht aus der lebenden Natur, sondern aus der
ästhetischen Geometrie genommen ist. Goethe bemerkt in
seiner Italienischen Reise, daß die Griechen in ihren
Werken die ganze Menge der uns umgebenden Charaktere
in der Menschengestalt auf etwa zwölf reduziert haben,
und er wird hierin das Richtige getroffen haben. Alle
die dazwischen liegenden zahllosen Möglichkeiten sind
nicht mehr Objekt der Kunst, weil sie sich nicht mehr
scharf charakteristisch unterscheiden lassen. Auch unter den
Altersstufen des Menschen sind es nur acht, welche vor=
wiegend künstlerische Bedeutung haben: Kind, Knabe,
Junge, Jüngling, Mann, gereifter Mann, alter Mann,
Greis. Das Dazwischenliegende zerfließt und gleicht den
Zwischentönen in der Musik, welche keine guten ein=
fachen Zahlen haben und die man nicht braucht. So
gibt es auch in der Farbe Töne, welche man, selbst
ohne sie mit andern zu vergleichen, charakterlose, schlechte
nennen kann, oder gewisse Grade der Tiefe und Hellig=
keit eines Tones, die uns ohneweiters angenehm be=
rühren; sie haben in der Skala ein gutes Maß, und
das fühlen wir unbewußt. Oder zeichnen wir z. B. in
einen Kreis eine aufsteigende Reihe von Polygonen
ein, so werden wir alsbald finden, daß es uns leicht

ist, bis zum Achteck mit dem Auge rasch zu folgen (nur das Siebeneck macht einige Schwierigkeit), die Figuren nicht nur nach ihrer Gestalt aufzufassen und zu unterscheiden, sondern auch nach ihrem Charakter, sozusagen nach ihrer Seele. Viel schwieriger und zuletzt unmöglich wird uns dies, je komplizierter die Figuren werden.

Was kann aus all dem für ein anderer Schluß gezogen werden, als daß die einfachsten Figuren und Formen, die einfachsten Grundzahlen, Grundmaße, Klang- und Farbentöne die edelsten und besten, die künstlerisch wertvollsten seien; je näher dem Ursprung, der Quelle, dem Eins, umso besser und heiliger und fähiger, Heiliges auszudrücken. Auch Kepler in seiner harmonia mundi macht die Bemerkung, daß diejenigen Intervalle in der Musik die besten seien, deren Wohlklang am raschesten ins Ohr fallen, und das seien gerade die der einfachsten Zahlen. Die alten Choralisten mahnten, man solle nicht über die Zahl sechs, das alte Senarium hinausgreifen, und dem verdankt in der Tat der Choral seine Würde, Kraft, Erhabenheit, mit der die feinste Zartheit sich verbinden kann. Die Architekturwerke der alten Zeit, der klassischen Kunst gehen über die Maße der fünf regulären Körper nicht hinaus; Plato nennt diese die Quelle aller Schönheit; das sei es, was den Werken das Entzücken gebe, sie adle, aus der Wirklichkeit, der Sphäre des Gemeinmenschlichen hinaushebe.

Das Einfache, Abgeklärte, Typische, das seine Wurzeln in den einfachsten Zahlen und Maßen hat, bleibt daher die Grundlage aller Kunst, und das Messen, Zählen und Wägen bleibt ihre wichtigste Funktion; das Ziel aller hohen Kunst ist die Übertragung, die charakteristische Anwendung der geometrischen, arithmetischen, symbolischen Grundformen aus der Natur im Dienste großer Ideen. Den Menschen selbst, Adam, das Ideal aller Kreatur, hat Gott nach seinem Ebenbild geschaffen, aus dem Geheimnis jener Zahlen, welche sein eigenes Wesen ausdrücken: drei in eins und eins in drei, aus der Grundfigur des Dreiecks, welche das Gerade und das Ungerade, das Männliche und Weibliche, die Zwei- und Dreiteilung, nach Keplers Ausdruck „das Mann-Weib" in sich schließt.

Wer von diesen Urwahrheiten, welche wir hier nur andeuten konnten, keine Ahnung hat, der ist kein Künstler; ihm leuchtet das höhere Licht nicht; er kann höchstens machen, nicht schaffen, weil er nicht unterscheiden kann. Das Wort Platos ist absolut richtig: wenn man das, was Maß, Zahl und Gewicht ist, von der Kunst hinwegnimmt, so ist das, was übrig bleibt, nicht mehr Kunst, sondern bloß noch Handwerk. Was im Buche der Weisheit von Gott gesagt ist, daß er alles nach Maß, Zahl und Gewicht geordnet habe (11, 21), das gilt auch dem, der die Werke Gottes quasi-schöpferisch nachdenkt und nachbildet. Non est contemnenda, mahnt St. Augustin (de civitate dei 11, 30), numeri ratio, quae in multis ss. scripturarum locis, quam magni aestimanda sit, elucet diligenter intuentibus; nec frustra in laudibus dei dictum est: omnia in mensura et numero et pondere disposuisti.

Das alles waren aber Dinge, die kaum in der Ahnung existierten. Man fürchtete sich vor allem, was einem Gesetz gleichsah. Natur, Natur, war auf allen Seiten das Schlagwort geworden. Man übersah völlig, daß Natur und Kunst zwei sehr verschiedene Dinge seien. Es gab in der Kunst keine festen Größen, keine unveränderlichen Werte mehr; der wechselnde Sinn und Geschmack, die unverständige Mode war alleinig Gesetz. Infolgedessen ein krankhafter Trieb und Hang nach Neuem; das Schlagwort „originell" kam auf, und oberste Pflicht bei Inangriffnahme einer Arbeit schien, daß man alles Frühere über den Haufen warf, sich vom Leibe schaffte und nur mehr rief: Natur, Natur! Man wertete die klassische Kunst nicht mehr; man rief nur Natur, Natur! „Wir müssen den Karren aus dem Morast ziehen, in den Cornelius ihn hineingeschoben hat," sagte einer dieser Helden der Natur, die nicht ahnten, was

alles das Auge und der Geist jener Männer geschaut hatte. Die Mängel der letzteren waren lediglich nur die Folgen ihres unklaren Verhältnisses zur Antike, die sie noch nicht so klar zu erfassen wußten, wie dies uns nach fünfzig=, ja achtzigjähriger Arbeit und archäologischer Forschung möglich ist, die Folgen ihrer nicht hinlänglich fundierten Formen= und Farbprinzipien. Auch sie waren bemüht, die Formensprache nicht einfach der Natur zu entnehmen, sondern sie in irgendwelcher Weise zu idea=
lisieren, zu vereinfachen, der Zufälligkeiten zu entkleiden; aber das alles blieb eben lediglich Gefühlssache des einzelnen. Ein Herumexperimentieren an der Natur bloß „per Gefühl" konnte aber zu nichts führen, mußte notwendig die Kunstgebilde flau, kraftlos, salzlos machen; das war keine Natur mehr, aber auch kein Stil, kein Typus, der mit der Natur harmonierte, der fest und sicher aus ihr herauskonstruiert, nach den Gesetzen der Natur über die Natur hinausgehoben war. Was fehlte, war das Monumentale, das Statische, das die Natur nicht haben kann, weil sie Augenblick ist, das aber die monumentale Kunst, vorab die religiöse, haben muß. Dieses statische Element hatte Cornelius in der Glypto=
thek, Heß in der Allerheiligenhofkirche in die Kunst hineingebracht, durch die Kraft ihres Genies und mit Hilfe einerseits der Vorbilder der antiklassischen Kunst, anderseits der Vorbilder der alten Mosaiken. Aber den meisten gelang das nicht, und in der Akademie konnte es nicht gelehrt werden, eben weil es nur Gefühlssache war; lehrbar ist nur, was klar von der Vernunft er=
kannt wird.

Man muß weit zurückgehen, weiter als damals bei der noch ungenügenden Kenntnis der alten und ältesten Kunst möglich war, um jenes Element zu finden, welches die Seele vor allem der religiösen Kunst bildet: das Typische, in Einfalt Große, ernst und har=
monisch Gemessene und Gebaute. Wir finden es am Anfang aller Kunst, in Ägypten; es bildet den Unter=
grund der klassischen Kunst; es findet sich bei den

Byzantinern, den christlich gewordenen Griechen, am meisten in den alten Mosaiken. Nur war es bei den Byzantinern nicht mehr klare, feste Wissenschaft, sondern es wurde traditioneller Mechanismus. Wir finden das Element noch in Italien, in der Schule von Siena, bei Cimabue, bei den Pisanern, bei Giotto und seiner Schule bis Fiesole. Wir finden es auch noch diesseits der Alpen in der Malerei der romanischen Periode als dunkles Gefühl für Bau, Gravität, Einfalt, als klares und sicheres Gefühl für das Liturgisch-Schickliche; auch noch in der Gothik, der Erbin der romanischen Kunst. Erst in der Spätrenaissance ging es ganz verloren.

II.

Gar einfach mag der Apparat des Wissens sein, mit dem der Künstler sich der Natur nähert. Er mag sich nur auf die Elementar- und Grundformen beschränken. Je einfacher, umso kostbarer ist er vielleicht und umso mehr geeignet, dem Größten, dem Höchsten zu nahen, so daß sich auch hier das Wort bewährt: „Je näher dem Ursprung, je mehr teilhaft seiner Vorzüge!" Gott selber ist das „Einfache"; seine Sprache, seine Musik ist der Monochord, der erste Dreiklang, **das Schöne in Einfalt.**

Die Gesetze also des Schönen, d. i. des Göttlichen, sind in den Werken Gottes in der Natur geheimnisvoll verborgen wirkend, soweit sie nicht gehemmt sind von der Macht widriger Umstände. Sie sind aber nicht die Erscheinung der Natur selber, unmittelbar, als ob die Natur nur belebte Geometrie wäre. Sie ist es ja in gewissem Sinne, aber ihre Gesetze finden sich offen und nackt nicht so leicht, am ehesten noch bei leblosen Dingen. Die Natur selbst erschließt sie nicht, wenn sie ihnen auch nie freiwillig widerspricht. Es kann einer glauben, er folge aufs genaueste den Spuren der Natur und er sieht sie nicht und streift sie nur wie blind und fühlt kaum ihre Kraft, und ihre Kraft wird nicht die seine.

Wir müssen also mit diesen Gesetzen **gerüstet** zur Natur kommen, dann werden wir sie bald in ihr sehen können; wir werden dann sehen und empfinden die „belebte Geometrie", deren innerer, sinniger Zusammenhang auch in Tiefen führen wird, wo Staunen uns ergreift, der Atem uns schwindet und unser Licht nicht mehr folgen kann. Wir ahnen eben nur mehr göttliche Tiefen und Reichtümer; all unser Vermögen verschwindet, uns bleibt nur der G l a u b e an unabsehbare Tiefen der himmlischen Harmonie und Weisheit.

Also schon vorher ist den Künstlern nötig, ohne Unterlaß diese Geometrie mit ihren vielversprechenden Zeichen und Zahlen, ihrer Seele und Deutung, in Auge und Gefühl einzutragen. Es ist dies keine große Mühe, vielmehr, wenn einmal damit begonnen, eine angenehme Beschäftigung. Der Apparat ist nicht belastend, nicht mühevoll, sondern einfach, sehr einfach. Er verlangt nur ein frommes, beharrlich getreues Ausharren bei seinen Zeichen und tiefen Gedanken, damit er sie nach und nach selber aufschließen kann, nach dem Maße unserer Befähigung zu fühlen und zu begreifen. Niemand wird mit Gewalt es ihm abzwingen; er schließt selber auf. Erst fühlen, dann sehen.

Eben weil er sehr einfach ist und wir mit unserer quecksilberigen Unruhe und unserem Vielwissen uns nicht ruhig verhalten können, verlangt er vor allem Feststehen, Ausharren, Anschauen, a u f s i c h w i r k e n l a s s e n, alles weitere tut er selber. Er kommt uns entgegen, wir aber müssen wachen. Wir müssen glauben, daß das Einfachste das Höchste, Gehaltvollste, in Wahrheit Reichste sei; dann werden wir in überströmendem Maße erfahren, daß es so ist.

Es ist also diese Kenntnis zu erstreben, und zwar zunächst in Beziehung auf dasjenige Werk des Schöpfers, welches die Krone der Geschöpfe ist, die Gestalt des Menschen. Es wird sich hier wie eine zweite, eine formale Offenbarung Gottes erweisen, nächst dem heiligen Glauben den von der Kirche Behüteten als das Herrlichste, das Erfreuendste, was Menschen pflegen können, denn hier sind Geist, Herz und Sinn gleich bereichert, in Einmütigkeit empfangend, genießend, denn das, was durch die Sinne wahrgenommen, strömt hier wie

Süßigkeit, Harmonie, Liebe, Weisheit, dem Herzen Gottes direkt entquollen, dem entgegen, der hier zu wachen versteht.

Es ist dies allerdings keine Sache für viele, aber die in der Kunst voranstehen, die dem Volke die Segnungen der Kunst vermitteln wollen, die sollten hier eingeweiht sein. Wo stammen aber diese Dinge her und wie kamen sie zu den Menschen?

Sie gehören — das getraue ich mir getrost auszusprechen — wie sie in den Werken der Urzeit, in der Kunst der Alten, bewußt, als ausgebildete Wissenschaft angewendet sich finden, zur Uroffenbarung, durch die Altväter vom Paradiese her ererbt, als ein Frei-Geschenk Gottes an die Menschen, und in der Arche sehen wir das feste, geoffenbarte Vorbild.

Die Kraft der Prinzipien liegt im „Glauben". Die besten Prinzipien können nichts wirken, wenn der Glaube daran matt ist. Die Alten hatten den Glauben. Er war ihnen ganz heilig; leichtfertig über die Prinzipien hinwegzugehen, war ihnen wie ein Verbrechen. Dadurch haben sie die Kunst erhöht und gerettet. Das war eine besondere Gnade, die sie von Gott empfangen. Wir sehen mit dem Zusammenbruch der alten Welt, dem Untergange des Heidentums diese Prinzipien mehr und mehr verdunkelt, besonders jene, die sich auf den Bau der Menschengestalt bezogen, gingen vollständig unter. Nur Fragmente bei Schriftstellern aus der alten Zeit sind uns geblieben, die ihr einstig Dasein uns bezeugen. Seither war es nicht mehr möglich, eine Menschengestalt nach Weise der Alten in Kraft und Typus und Bau darzustellen und zu studieren. Das feinste Gefühl konnte dies nicht erreichen, darum das viele Suchen nach dieser Norm bis zum heutigen Tage. Darum auch einerseits das Verzichten auf kunstgerechte Darstellung derselben, wie bei den Byzantinern und dem frommen Mittelalter, anderseits das vorzeitige Brocken der verbotenen Frucht durch Benützung des lebenden Modells mit Verletzung des heiligen Gebotes, wie es die Renaissance getan, die den hohen Zweck dadurch doch nicht erreichte, sondern vielmehr moralisch zugrunde ging, verfaulte.

In der Architektur zeigen indes schon die altchristlichen Bauten, die Basiliken, daß die Tradition für sie nicht durchaus abgebrochen wurde in Beziehung auf geometrischen Apparat und Bildungsgesetze. Es waren ja die ersten Baumeister wohl selbst aus heidnischer Schule christianisiert. Wir finden solche selbst diesseit der Alpen in der frühromanischen Periode, besonders bei den klassischen Bauten der Söhne des hl. Benedikt, zur Zeit der sächsischen Kaiser und in der nächsten Periode. Wir finden sie in der Gotik, am feinsten in der frühen Zeit derselben; vereinzelt finden wir sie in der Renaissance und so eigentlich bis herab auf unsere Zeiten. Was aber die alten in unerreichtem Maße auszeichnet, das war nur ihre Kritik der Mittel auf ihre „Notwendigkeit und Schicklichkeit" hin, und das besonnene, feine, zarte Durchbilden der Formen, eine ganz durch und durch feine und gewissenhafte Technik. Die christlichen Perioden konnten sie darin nicht erreichen, am wenigsten diejenige, die man die romantischen nennt, welche in dem tollen Dogma (ein solches scheint es gewesen zu sein), daß jedes Ding, auch gleichen Dienstes und gleicher Gattung, immer anders sein müsse, arge Sprünge machte. Unendlich leichter war es aber, tausend- und zehntausendmal neu anzufangen und das Angefangene als Skizze stehen zu lassen, als **eine Norm** vernünftig zu vollenden. Jenes wirkt ganz unmoralisch, war ein Ferment der Zersetzung am Anfang schon im Leibe der Kunst. Dieses **Kitzeln der Phantasie** führte abwärts, Kunst und Künstler verkamen dabei.

So dienten denn bei den Altvätern, den Patriarchen, diese Mittel erst der wahren Gottesverehrung; sämtliche Motive ägyptischer Kunst sind gleichsam prähistorisch, aus der Zeit der wahren Gottesverehrung. Im Verlaufe, als die Erkenntnis des wahren Gottes sich auf das Volk der Juden beschränkte, waren sie das An-

teil der Heidenwelt geworden, eine formale Offenbarung
Gottes an jene alten, dem Christentum den Boden
bereitenden Völker, die Ägypter und Griechen.
Sowie die Juden durch die Offenbarung des
wahren Gottes — der zu hoffenden Erlösung vom tiefen
Sündenfall der Menschheit — in einer höheren geistigen
Weise ausgezeichnet waren und gleichsam den „Habitus"
des neuen Testaments für die Ankunft Christi des Er=
lösers vorbildeten, den großen, poetisch=heiligen, bildlichen
Apparat und Untergrund ihm vorausbereiteten, so waren
auch diese beiden Kulturvölker dazu berufen und aus=
gezeichnet, die „Schönheit als sinnliche Form der Wahr=
heit" (Schiller) äußerlich wenigstens zu pflegen und ihr
wohltätig Wirken zu verbreiten, damit die Gemüter
erhellt, gesänftigt, bereitet würden zur Aufnahme der
Wahrheit, die in Christus ist. Und in der Tat hat kein
Volk so wohl sich vorbereitet gefunden für die Annahme
der christlichen Wahrheit, als die Ägypter, und hat kein
Volk so viel und so würdig auch für den äußeren Ha=
bitus der Kirche gearbeitet, als die Griechen. Durch fast
1200 Jahre waren sie allein es, die der heiligen Kirche
den äußeren Nimbus fast in jeglicher Kunst, auch in
der heiligen Musik, vermittelten und bereiteten. Sie
waren die Arbeiter im Altchristentum bis zum Mittel=
alter, so wie früher in heidnischer Zeit ihre Kunst dem
Rom der Cäsaren diente.

Zu diesem Zwecke waren ihnen die Augen geöffnet
und erleuchtet, daß sie nun in der Natur selber, wie
mit Instrumenten gerüstet, vernünftig lesen und verstehen
konnten die Wunder Gottes von Maß, Zahl und Ge=
wicht; daß sie über die Natur selber hinausgehen, Dinge
verkörpern konnten, die schlechtweg nicht existieren oder
einmal nur zu schauen waren. Das ist jene altägyptische
Weisheit, die uns nicht in Büchern überliefert worden,
die wir aber aus ihren Kunstwerken herauslesen können
und die unserer Zeit aufbewahrt blieb, nicht um Archä=
ologen bloß zu interessieren und zu beschäftigen, sondern
damit diejenigen, deren Beruf es ist, sie zu verstehen,

2*

sich bemühen möchten, zum Verständnis zu gelangen. Das mag freilich schwer sein, denn zu unvermittelt ist der Gedanke und fast unmöglich der Zutritt, ohne einige Kenntnis von dem Apparat zu besitzen, der ihnen diente.

Diese Kunst hat auch den Schlüssel zur griechischen Kunst; sie hob die Geheimnisse dieser Tochterkunst hinweg, um ihre Technik zu verstehen. In den Griechen ist ein Schoß der großen ägyptischen Pflanze zur Blüte gekommen, während die Wurzel, die gleichsam noch wie in der Erwartung harrt, einen Schatz der erhebendsten Kunst wie im Keime in sich trägt für das große christliche Kunstprogramm, wenn dessen Zeit gekommen sein wird. Denn diese Kunst ist in ihren Prinzipien universal, naturgemäß, wo sie auch erscheint. Die Griechen mögen uns dann das Vollenden lehren bis zu dem Punkte, wo das Gefäß dem Geist, dem Inhalt entspreche und ihm darüber hinaus nicht gestattet sei, für sich zu glänzen durch überwuchernden Menschenwitz und Virtuosentum.

Das ist das Rätsel der Kunstgeschichte, dessen versuchte Lösung den Verlauf der Kunstgeschichte beleuchtet, von dem Ende, dem Absterben der klassischen Kunst bis auf unsere Tage; von da an, als die klassische Theorie der Kunst ins Dunkel versank und nur teilweise oder ganz dieser Rüstung entbehrend, die Pfleger der Kunst sich ihre Wege suchten.

Die Byzantiner, die christlichen Griechen, setzten sich am Tore dieser versunkenen Stadt, am Grabe der erstorbenen Kunst gleichsam nieder und hüteten getreu die Massen derselben, die Reliquien, die ihnen in Fragmenten der Methode, der technischen Tradition geblieben, verehrend und verwertend in ihrer Art und das bis zum heutigen Tage.

Daß ein Messen, ein Teilen, ein im Raum Disponieren, das bis zur kleinsten Zier herunterging, daß das Gesetz der Statik in Ruhe und Bewegung, in großen, lebensvollen Linien, ein frischer, naiver Wurf des Gedankens in lebensvoller, kontrastreicher Teilung, alles gleichsam vom Raum diktiert, daß ein logisch Denken, ein Wählen der Mittel in wahrer ungesuchter Einfalt, ein Fernhalten alles Hohlen, Unnützen, nicht zur Sache Gehörigen, daß dies alles mit zum Begriff religiöser Kunst gehöre, das hielten sie fest, sowie daß der Ruin derselben der Naturalismus sei; vor diesem letzteren hüteten sie bis zum heutigen Tage ihre Erbschaft und sie erfuhren stets, daß von dem Tage an, wo das lebende Modell ihnen direkt dienen sollte, es um den Geist ihrer Kunst geschehen.

Und selbst dieses, was die Byzantiner in ihrer Art erreichten, ist noch derart, daß der allgemeine sensus communis des Christenvolkes diesem, als der relativ besten Art der religiösen Kunst, die Palme reicht (siehe Klein und seine Nachfolger). Auch fast alle Gnadenbilder des Abendlandes sind Abzweige, Werke byzantinischer Kunst.

Die Abendländer, die namentlich in der Malerei erst im 13. Jahrhundert in die Aktion traten (denn vorher waren es Griechen oder Griechenschüler) und die nicht einer Familie, eines Fleisches und Blutes mit jenen altvergangenen Künstlervölkern und Künstlergeschlechtern des Ostens waren, suchten bei diesen anzuknüpfen, so gut es ging und so viel zu enträtseln wie möglich. Mit diesem Gewinne, oder wo nichts war, mit eigener Initiative oder mit dem, was sie der Natur entnommen, wucherten sie eine Zeit lang, ihr Genügen findend in dem erfreuenden und immerhin kostbaren Fund, den sie gemacht, bis sie immer wieder erkannten, daß sie nur einen Teil des Ganzen hätten, daß sie die volle Erbschaft noch nicht angetreten, daß das, was sie hatten, nicht ausreiche, das hohe Ideal heiliger Kunst zu verkörpern, das im Menschen schlummert und ihm erreichbar ist. Daher jenes immer neu- und immer Andersprobieren seit 600 Jahren, jene Kunst des Suchens oder „der freien Forschung", die immer neu anfängt, nachdem die bisher geübten Methoden nicht zum Ziele geführt. Doch muß man bei all diesen Neu-Versuchen den guten Willen anerkennen und wenigstens so lange Lob spenden, als die Intention nach dem Höheren und Besseren gerichtet blieb. Jenes ungenügende Idealisieren der neuen Akademie, welche die Aufgabe nun einmal nicht tiefer zu fassen wußte, gemäß den Umständen der Zeit, zugleich sich aber ängstlich vor dem puren Naturalismus hüten zu müssen glaubte, sowie auch jenes Überspringen zur einfachen bloßen Natur, mit Verwerfung alles dessen, was bis jetzt als Ideal oder zum Ideal führend gegolten, aus Unmut ob des Ungenügenden — es könnte schlechtweg nicht getadelt werden, so lange man es als Vorarbeit, als Forschen nach dem ganzen Fundamente der Kunst ansah. Über Ideale ließe sich ja auch noch streiten. Erst von dem Punkte an, wo diese Intention sich trübte und, meist durch innere, moralische Gründe veranlaßt, das Bemühen sich dahin wandte, mehr dem Ideal zu entrinnen, die Natur selber a l l e i n als Ideal zu erklären, wurde die Sache bedenklicher. Doch wurde auch in dieser Weise, wenn auch unbewußt, der guten Sache gedient, weil man dadurch erkennen konnte, was man tun sollte; auch ist es fast nicht möglich, daß bei irgend einem ernsten Streben nicht auch ein Teilchen wirklich Gutes gepflegt wird, was dem Höheren wieder zugute kommt.

Wenn wir noch einmal kurz rekapitulieren wollen, was den Sturm im Reiche der Kunst am Ende der Vierziger- und in den Fünfziger-Jahren heraufbeschworen, dem bis heute, nach vierzig Jahren, das heitere Licht eines neuen, schönen Tages noch nicht gefolgt ist, so ist zu bemerken, daß die sogenannte Restauration durch Cornelius, Overbek, Veit u. s. w. und deren Einleiter Carstens, Schick, Wächter u. s. w. das Problem, das der Menschheit zu ihrem Heile gestellt ist, nämlich auch in der Kunst der heiligen Kirche Gottes das ganze volle Ideal zu suchen und zu erringen, nicht erreicht hat, oder doch nur teilweise, weil ihr Fundament nicht alles das vorgesehen hatte, was hierzu erforderlich, weil sie nicht auf die ungeheure Vorarbeit Rücksicht nahmen, welche die alte Kunst zurückließ.

Diese Schule mußte also an dieser Schwäche sterben und derjenige Teil, der sich „die Nazarener" nannte, der das Religiöse ex professo als Beruf erwählte, mußte ebenso außer Cours kommen; denn Ideen, die bloß mit dem Fund der Naturstudien verarbeitet sind, wenn auch mitunter als Manier ein Lichtstrahl eines alten Meisters darauf zu fallen scheint, geben bloß eine „illustrative", aber keine „typisch-monumentale" Kunst.

Das Zurückfallen des Volksgeistes auf die alten, archaischen Rudimente und deren blinde Nachahmung ist ein Bekenntnis, daß diese, weil noch im Besitze des Typischen, immer besser seien, als die „großgemalten Illustrationen". Das Volk will einfach in der Kirche von „Naturalismus", sei er fein oder grob, nichts wissen.

III.

Seit meiner bewußteren Künstlerlaufbahn war es mir stets ein banges Gefühl, die Arbeit von dem Entwurf zum fertigen Werk beginnen zu müssen, da ich durch die heutzutage übliche Art der Entwicklungsphasen des Werkes stets das Ziel verfehlte und mit Jammer das Beste verloren sah. Die Arbeit knechtete mich als einen blind Arbeitenden. Ich wußte kein Warum. Die Kritik vernichtete mir stets alles, ich aber beherrschte die Arbeit nie. In Rom wurde mir dies immer mehr zur schweren Qual. Um nicht darin unterzugehen, um mich zu erholen, wandte ich mich von Zeit zu Zeit zu der von Jugend auf geliebten Architektur. Hier wurde mir mit der Zeit klar, daß der Weg, den ich als Bildhauer bis jetzt gegangen war, g r u n d f a l s c h sei, daß ein alter, griechischer Meister lächeln würde über mich und wohl über die ganze moderne Bildhauerei, die auf ihren Wegen mit allem peinlichen Naturkopieren und Studieren nach ihrer Art noch nicht halbwegs eine einzige Antike, ein Werk von dieser Qualität gemacht hat, noch machen wird. Sie vermag das nicht — auch nicht mit dem redlichsten Willen, an dem es ja vielfach nicht fehlt. Um ein Werk zu machen von der Qualität der Antiken guter Zeit, müßte man auch nach den Prinzipien der antiken Meister den technischen Prozeß vollbringen. Denn so wenig das Kopieren von Zweigen und Kräutern ein kunstgerechtes Ornament gibt, so wenig gibt das Zusammenleimen einer Anzahl Formen aus den unendlichen Variationen der Natur oder der Verlassenschaft vergangener Kunstperioden, die unter sich willens- und charakterfremd sind und der gemeinen Wirklichkeit entstammen, ein lebendiges, wahres Kunstwerk oder den Ausdruck einer hohen Idee, die unter uns verkörpert schlechtweg nicht existiert. Und ob auch durch äußerliches Vertuschen und Glätten eine Art Einheit, Harmonie und Leben erreicht würde, das Hohle, Herzleere, Marklose läßt sich nicht verbergen.

Das ist eben die Macht und Stärke der alten griechischen Plastik, die ungeheuchelte, innere, abgeklärte Wahrheit und edle Harmonie, die sie zur echt religiösen Kunst macht. Ihre Kunst hat mit den Gesetzen der Natur zu tun, nicht aber mit den Erscheinungen derselben in der Art, daß sie selbe kopieren müßte. Diese Kunst ist der Affe der Natur. — Nach jenen Gesetzen aber die höchsten Gedanken und Wahrheiten zu verkörpern, die hiezu nötige Individualität nach dem Beispiele der Natur aus dem Gedanken selber zu entwickeln — das war ihnen Mission der himmlischen Kunst, die fähig ist, dem Menschen zum Gang nach aufwärts die Hand zu reichen. Was aber dem Gehalte nach so nieder, blöde war, daß es diesen Prozeß nicht vertrug, das war ihnen kein Objekt für die Kunst.

Von dieser Zeit an strebte ich vor allen Dingen zu erfahren, wie die alten Meister die Natur studiert und für ihre Werke angewendet hätten.

Altgriechische Vasenbilder, mir zu guter Stunde unter die Augen gekommen, zogen mich magisch an. Mir schien es, als sehe ich hier den Weg mit mathematischem Bewußtsein gegangen, den Giotto in seinen Werken dem Instinkt und Gefühle nach ging. Wenn es wahr ist, daß die technischen Gesetze für die Art und Weise, Begriffe darzustellen, immer die gleichen bleiben müssen, wie die Natur unter allen Zeiten und Zonen stets einerlei Gesetze hat, so ist dieser Unterschied wohl bedeutsam und birgt vielleicht die Lösung in sich, warum die Giottoschule die Vollendung n i e sah, während jene alte Vasenkunst eine vollgiltige Vorstufe der späteren Kunstvollendung war.

Mit Eifer suchte ich mir nun zu sammeln und eigen zu machen, was ich von den vorzüglichsten Vasenbildern fand. Ich suchte auf, was ich von altgriechischer, archaischer Plastik und Architektur finden konnte, ob hier ihre Prinzipien, ob ihre Art des Schaffens und Naturstudierens zu finden wäre. Denn was hilft uns die Antike, wenn wir die Prinzipien, wodurch solche Schöpfungen ermöglicht wurden, nicht kennen? Daß Geometrie und Teilung Hauptfaktoren seien, hatte ich längst erkannt; aber diese Elemente hat vor allen auch die altchristliche Kunst in den Mosaikbildern, wohl als letzten Rest der griechischen Tradition, und wieder daran anknüpfend die Kunst Giottos. Es mußten bei Anwendung dieser Faktoren aber noch besondere, bestimmte Gesetze sein. Und welche waren diese Gesetze?

Seit Jahren, durch frühern Beruf angeregt, beschäftigte ich mich viel mit dem Studium der Pflanzen, ihres Baues und ihrer Teile, besonders der Blätter. Hier fand ich vor allem die aufrichtigste, präziseste Einheit des Willens und Charakters; im Kleinsten dem Ganzen getreu, die bescheidenste Ökonomie in den Mitteln und die liebenswürdigste, wunderbarlichste Vollendung derselben, vollendet, echt architektonisch aus dem Grundriß, alles gebaut.

Es ist, als ob einem und demselben Motiv ein gewisses Thema in der Charakteristik seiner Erscheinung gegeben wäre, wie breit, hoch, schlank, dünn, gerippt, gezackt, rundlich, oder auch als bestimmte Zahl, oder geometrische Form, welche bis zum kleinsten Teil harmonisch durchgeführt erscheint. So kann das gleiche Motiv unzähligemal durch veränderte Teilung (Schnitt) anderen und stets neuen Charakter erhalten und es läßt sich hier in der Pflanzennatur das Transponieren gleicher Motive von einem Charakter in den anderen mit einer sonst nirgends ermöglichten Ruhe, Beharrlichkeit und Genauigkeit beobachten. Als bedeutsam läßt sich hier anfügen, daß bei der werdenden großen Kunstepoche der Griechen das Ornament der übrigen künstlerischen Entwicklung vorausging.

Durch diese Beobachtungen glaubte ich vielfach das Auge für die Mechanik der Natur und dadurch für das Verständnis der Technik der Alten geschärft zu haben, namentlich wurde mir nun klar, mit welch immenser Schärfe die Alten ihrerseits die Natur beobachteten, welche keusche, zarte Liebe und Verehrung sie ihr entgegenbrachten im Gegensatz zu anderen Zeiten, wo sie in plumper Weise, wie ein feiler Knecht oder eine Magd, abgewandelt wird.

Indes war ich, fortschreitend im Studium altgriechischer Kunst, bei den Ägyptern angekommen, bei ihrer Tempelbaukunst, diesen Werken voll alles bändigender Gewalt und ergreifenden Ernstes. Mir erschien, als ob die Mittel hiebei psychologisch berechnet wären, als ob ihnen Wissenschaft gewesen wäre, das Gemüt zu ergreifen, das Wilde zu bändigen, geheimnisvollen religiösen Schauer zu erregen. Und zweierlei Art schienen mir diese Mittel zu sein: erst die Logik, die unerbittliche Kritik bis in die Tiefe des Lebendig-Notwendigen, welche Willkür und Spiel haßte wie Gift, oder kurz: die lebendige Kraft, die klarste Wahrheit. Zweitens fand ich, daß die Ägypter es waren, die das Gesetz des Ebenmaßes, der Harmonie der Größen in der Natur gefunden und angewendet hatten — jene geheimnisvolle Teilung die im Größenreiche das ist, was das Intervall, der Akkord im Reiche der Töne ist. Wie die Teilung der Oktave auf Naturgesetzen beruht und nicht das kleinste Verrücken leidet, ohne ins Unharmonische, Rohe zu verfallen, so ist diese Teilung eine unverrückbare Dreiharmonie. Dieselbe, verbunden mit obgenannter Kritik, haben die Griechen, wie ich mich gleichfalls überzeugte, als Grundprinzipien aufgenommen und ihre Kunst vollständig darauf gebaut. Sowie die Musik als Kunst von der Kenntnis des Akkordes an datiert und wie innerhalb dieses Dogmas jedes auch noch so reiche musikalische Werk basiert, da sich dieser eine Akkord in die verschiedenartigsten Charaktere durch viel gewechselte Teilung und Zusammensetzung zu einer beweglichen Sprache umbilden läßt, so basiert auch das Harmonische, Feste, Unverrückbare der klassischen Kunst auf diesem Dogma der Größenharmonie.

Jene Kritik und dieses Harmoniegesetz ins künstlerische, mathematische Bewußtsein übergegangen, sind es, was klassische Kunst voraus hatte vor Altchristentum und Mittelalter, was sie zur klassischen machte — welches dereinst, wenn es im Plane der Vorsehung beschlossen sein wird, jener vergangenen, christlichen Kunst, jener milden Frömmigkeit und jenem Passionsmitleiden, besonders der deutschen Kunst, eine verklärte Auferstehung bereiten wird, daß so Schönes und Herrliches auf Erden nie war.

Die ägyptische Tempelbaukunst aber finde ich als eine echt menschlich-religiöse in einer Ideenbreite angelegt, daß mir scheint, es hätten die Griechen nur ein Stück davon wie zur Probe vollendet, als wäre griechische Kunst nur ein Ableger von der vielgliedrigen, ägyptischen Pflanze und in dieser Einseitigkeit zur reichen Blüte heraufgekommen, während jene, die Mutterkunst, in der Knospe, oder anders gesprochen, in der Furcht, in der geheimnisvollen Erwartung stecken geblieben ist. Ob für immer, das weiß der Himmel. Und wenn alles echt Menschliche, wirkliches Leben und Geist in sich Tragende, nicht verloren sein kann, sondern wiederkehren muß, bis es seine Vollendung erlangt hat, so kann ich mir nicht denken, daß diese Ideen dem Nichts für immer verfallen sein sollten. Ich könnte mir sie, in ihrer ganzen Breite, christliche Anmut und Liebe darauf gepfropft, als eine wahre Wonne, das Erhabenste aller Kunst denken.

Jene beiden Grundmächte der alten Kunst, lebendige Notwendigkeit der Teile und Liebe der Teile untereinander sind es nun, die diese auf das Gebiet der Architektur, der abwiegenden Geometrie hinüberwiesen. Da begann nun die Kunst in großen, pfeilerfesten Maßen zu ordnen und zu gestalten, von diesen als einem stets festen Kern herausgehend gegen die bewegte, uns umgebende Natur, ihre Beobachtungen zu machen und zurückgehend, diese nach jenen Gesetzen zu verarbeiten, die bewegliche Spezies abzuklären zur idealen Norm, zur Gewalt des Stils — so nach und nach das Kunstwerk in der Verpuppung der sicheren, primitiven Anlage zur konstruktiven und harmonischen Vollendung still vorzubereiten, indem sie nicht den kleinsten Schritt tat, ohne ihn vor ihren Grundprinzipien zu verantworten, um schließlich, nachdem die Summe der notwendigen Naturbeobachtungen voll war, das Kunstwerk zur Vollendung herauszuführen.

Dieses scheint mir die ganze antike Kunst beherrscht und gehalten zu haben und die ganze Entwicklung jener Völker mag ihren Vorteil und teilweisen Halt darin gefunden haben, denn eine Kunst, solchen Prinzipien entwachsen, konnte oder mußte ihnen in ihrer Art Evangelium der Wahrheit sein. — Und derart war diese gründliche, gediegene Art zu schauen und zu denken jenen alten Künstlern ins Mark gedrungen, in ihrer Technik gleichsam verknöchert, daß, als nach uralter Kunstübung das innere Auge durch Erbleichen des Lebensernstes, der religiösen Ideen schon erblindet war, ihre Technik noch als geistloser Mechanismus jahrhundertelang Werke hervorbrachte, die der Kunstübung jener Zeiten, die sich in das Meer der Spezialitäten stellten und, von ihren Wogen bewegt, nun zu fischen und zu gestalten suchten, noch weit überlegen sind.

Ich spreche hier von dem Prozeß, wie der klare, tiefempfundene Begriff zum Kunstwerke gestaltet wird. Den Begriff, die Idee selber, nenne ich als **außer der Kunst stehend**, da er eher war, als die Kunst, weil ihn andere mit dem Künstler teilen oder vielfach besser haben können. Der Künstler aber wird erst Künstler dadurch, daß er diesen Begriff in Form bringen kann. Bei den Griechen selbst war erst ein Homer und dann Phidias.

Und so glaube ich, angesichts der antiken Kunst läßt sich sagen, daß es eine auf Dogmen beruhende, religiöse Kunst, eine Naturgeschichte der Technik gibt, sowie auch die Natur nach ewig giltigen Dogmen baut; und zwar nach den gleichen Dogmen in Ägypten, in Griechenland, Deutschland, Amerika, in Nord und Süd, daß, sowie es nur eine dogmatische Wahrheit, es auch nur eine in ihren Formalgesetzen dogmatische Kunst gibt — daß diese Dogmen der Kunst so notwendig sind, wie die Dogmen der Kirche selber, wenn die Kunst als Darstellerin der höchsten Wahrheiten heilig bleiben, nicht in Verwirrung und auf Irrwege geraten und den Zeiten schweres Unheil zufügen soll, indem sie diese hohen Gedanken in die gemeine Region herunterzieht, indem sie sich, statt das Steuerruder der Zeiten mit zu sein, von diesen und ihren Einflüssen überwältigen und treiben läßt, wie Treibholz.

Um noch ägyptische Plastik zu erwähnen, ihre geometrische Erscheinung, beherrschende und zugleich demütige Ruhe, so ist mir nicht möglich, jenen beizustimmen, die da behaupten, beschränkter Technik und mangelnden Wissens wegen hätten sie es so gemacht. Es ist gewiß immer noch leichter, einen Naturabguß zu kopieren, als die Maße und Winkel für eine ägyptische Statue zu geben. Dort ist Auge und Hand, hier aber noch etwas anderes dabei. Der jenes macht, kann ein Laffe sein, der dieses machte, mußte ein männlicher, ernst denkender Geist sein. Ich glaube, es war ihnen darum zu tun, das Wesen der allzeit mächtigen, pflichtgetreuen, der wohltätig herrschenden und nicht die kleinste Unordnung duldenden Gottheit zu geben.

Seinerseits lehrt uns das hl. Buch: „Der Herr wohnt nicht in der Bewegung", „Gott ist ein Gott der Ordnung." Die heilige Kirche erfleht für ihre Verstorbenen die ewige Seligkeit, damit wünschend: „Gib ihnen, Herr, die ewige Ruhe." Nun deutet aber schon der Begriff „ewig" für uns Menschen „Ruhe"; denn alles Bewegen verzehrt und muß schließlich zerstörend sein. — So scheinen diese alten Bildhauer nicht auf falscher Spur gewesen zu sein, Begriffe der Gottheit darzustellen. Jenes Geometrische in der äußeren Erscheinung deutet wieder auf ein Geometrisches, d. i. Geordnetes, Festes, Sicheres und Harmonisches im Innern derselben — und das ist es ja, was Vertrauen, Ehrerbietung erweckt und sogar die Unterwerfung leicht macht, während anderseits die Tribulation als Wurzel und Stamm der Sünde, die Unklarheit, das Unvermögen, die Leidenschaft, alles Gegensätze des Göttlichen sind.

Es ist darum die Unruhe in der Plastik einer Gottheit ganz unwürdig und zweckverfehlend. Um mächtig zu wollen, braucht die Gottheit nicht leidenschaftliches Bewegen. „Zeus winkt mit den Brauen seiner Augen und der Olymp erzittert," sagen selbst schon die Griechen. Und um wie viel ist der Christengott noch erhöhet? Wenn aber ein Prophet, ein Dichter, dieses Bild der Bewegung denn doch gebraucht und uns als Wirkung davon die unermeßlichen Gewalten benennt, die davon und damit bewegt werden, so erreicht er sein Ziel, das Übermenschliche zu geben; aber dem Künstler, der das erste gibt und das zweite nicht geben kann, bleibt das bloß Menschliche in den Händen.

Mit Begeisterung sah ich darum, wie sowohl die Griechen, als die erste, christliche Kunst diese primitiven Winke der Ägypter sich zu eigen gemacht, sei es nun bei den Christen durch Tradition oder besondere Offenbarung geschehen. Auf jeden Fall können sie, die noch aus dem ersten Holze sind, die erste Kraft in sich fühlten, uns maßgebend sein für die Auffassung von Christus, Maria und den Aposteln und dgl.

Von der ganzen Herrlichkeit und Würde eines vollendeten Kultusbildes aus der griechischen Blütezeit können wir uns freilich kaum eine sichere Vorstellung machen und werden wohl immer zurückbleiben. Es war der Triumph ihrer Wissenschaft und Technik, und die Sage, welche vom Phidias'schen Zeus ging, daß, wer ihn einmal gesehen, nicht wieder unglücklich werden könne, hat gewiß einige Bedeutung.

Die christlichen Darstellungen von unserem Erlöser und der allerseligsten Mutter u. s. w. blieben auf jeden Fall gegen jene Vollendung auf einer der untersten Stufen stehen und wenn wir sehen, daß diese Meister bei dem Verfall der Kunst in die Schule gingen, jener alte Grieche eine durch Jahrhunderte sorgfältig gepflegte und wissenschaftlich ausgebildete Technik hinter sich hatte, so begreift sich dieses. Es war nicht und noch lange nicht die Zeit gekommen, die man die Periode der Kunst nennen mag. Das Christentum war neu. Erst mußten seine Begriffe und Charaktere in ihrem reellen Wert und Gewicht, in dem ersten Material, dem Wort, fertig und ans Licht gestellt sein. Erst mußte auch die Kunst o h n e K r i t i k, frei aus dem Geiste und der Empfindung heraus, um so unbeengt die Fittige bewegen zu können, arbeiten, sich mit so viel technischer Kenntnis begnügend, um sich gerade aussprechen zu können. Dann erst mag die hohe Kunst, die Kunst Gottes in der Natur sich dieser bemächtigen und sie zur G e w a l t erheben. Zu frühe mit der Kritik behaftet, hätte die Kunst sich in den Schönheitsbestrebungen verlieren müssen. Es wäre wohl ein Rückfall in einseitig ästhetisches Streben der späteren Alten geworden. So aber ist diese alte, christliche Kunst, vor allem die Kunst des Mittelalters als hemmender Keil dazwischengeschoben. Diese wird in seelischer Beziehung die Erzieherin der Künstler bleiben, sie über der Form den wahren Geist nicht vergessen lassen und so können sie dann nach der ersten getrost und aus allen Kräften streben.

Bis zu den Bildhauern der Pisaner Schule und Giotto meinen Blick von der altchristlichen Kunst weiter wendend, sehe ich die christliche Kunst in der althergebrach=

ten Weise sich bewegen, sich mit den von Anfang an gebräuchlichen Mitteln begnügen, ohne besonderes Streben, diese nach Naturgesetzen zu begründen und so den Keim zur Vollendung drein zu legen.

Da, in jenen Bildhauern, in Giotto, begann die Kunst aufs neue zu erwarmen, in einem neuen Frühling aufzutauen, sich über neue, größere Gebiete zu verbreiten. Diese Meister schufen wieder neu jenen zarten und feierlichen Rhythmus und Fluß in Bewegung der Gestalten und besonders im Gewande, und der ernstere Giotto führte die Kunst entschieden ins Dramatische heraus. **Sie waren es, die jene feine individuelle Sentimentalität im Gegensatz zu der mehr abstrakten Darstellungsweise der alten Kunst schufen** und dadurch zu den Ausartungen späterer Zeiten den Weg eröffneten, indem diese „Ewiges" und „Menschliches" mit dem gleichen Maßstab maßen. Die Ideen des Ewigen, Göttlichen aber sind für uns abstrakt und lassen sich, ohne abgeschwächt zu werden, nicht aus diesem Gebiete herunterdrängen; sie lassen sich nie in nur menschliche Art und Weise übersetzen. Selbst der Gott-Mensch Christus ist nicht gegeben, wenn ich auch das erhabenste Modell wiedergebe, es bleibt immer noch ein „**Unaussprechliches**" übrig, welches ich nur durch **typisch-geometrische Mittel andeuten kann.** Hatten die obgenannten Meister aber das Erhabene und Starke der alten Kunst darangegeben, so hatten sie dennoch hohen Stil; hatten sie die Kunst dem menschlich Individuellen, Begrenzten entgegengeführt, so war ihnen das Feierliche doch nicht entwichen. Sie hatten instinktive Größenharmonie und ideelle, willeinheitliche Linien. Aber ihre Kunst war auf das persönliche Gefühl begründet, sie empfanden vielmehr den Wert der antiken Prinzipien, als sie deren innere Ursache und Mechanik klar und fest erkannt hätten. Es schien das nicht ihre Aufgabe. Erst mußten noch viele, für die Kunst verborgene Schätze der Kirche an das

Licht gebracht werden. Jenes frische, glaubens- und liebevolle Zeitalter war so recht dazu geschaffen, Adlern gleich, die Tiefen und Weiten der Kirche auszuspähen, zu sammeln, was sich ihnen von kostbarem Edelgestein vorfand, die Fassung derselben k ü h l e r e n u n d r u h i g e r e n Zeiten überlassend.

Als die Kunst hundert Jahre später noch fortschritt, drängend durchbrach auf die Seite des Realismus der konstruktiven Technik und sich in dieser eine Schule entwickelte, verschwand, wie diese zunahm, jenes hohe, ruhig Harmonisch-feierliche, und Michelangelo, in dem diese Schule gipfelte, hatte hievon am allerwenigsten. Er war es vor allen, der die einseitige, konstruktive Technik (nach der Auffassung seiner Nachfolger) quasi als Zweck und statt klaren Gehaltes die Tribulation, die Unruhe in die Kunst eingeführt und diese darauf begründet hat. Für jene Zeit aber war es noch die einzig mögliche Form, unter welcher der Kunst das Leben vergönnt war. Höheres konnte sie nicht mehr fassen und sie hatte ihm dafür zu danken. In seiner Art erreichte er wahrhaft Herkulisches. — Wenn aber jede Kunstgröße, die schon vergangen, zweifach zu beurteilen ist, was sie in ihrer Zeit w a r und inwieweit sie u n s A n k n ü p f u n g s p u n k t s e i n d a r f nach unseren Begriffen von wahrer Kunst, so haben w i r uns an dieses l e t z t e r e allein zu halten. Aller Glanz im ersteren Fall ist für uns nichts wert, sondern gehört der allgemeinen Geschichte, dem allgemeinen Gerichte an. So muß ich für meinen Teil als wahr erkennen: Michelangelo war in seiner Zeit ein Heros der Kunst, für uns aber ist er dasjenige Element, welches wir uns am meisten vom Leibe zu halten haben; denn an jener haltlosen Willkür und Tribulation litten fast dreihundert Jahre und die Todesmüdigkeit liegt u n s noch im Gebeine.

Es liegt in der Menschheit ein Zug, nur ihresgleichen zu sehen; das Große, Erhabene drückt selbe und sie sucht es herabzuziehen. So war es auch in der Kunst von jeher. Die Griechen haben ihre alten, erhabenen Götterideen heruntergedrückt bis zu menschlich schwachen Individuen und Plato macht sich Luft in dem Geständnis, den Homer hätte man prügeln müssen, weil er die hohen Götter so erniedrigt und gemein menschlich gemacht habe. Die christliche Zeit und Kunst fing mit dem Erhabenen und Großen an. Weil man ohne Schule war und darum nicht aus dem Groben kam, lenkte das Mittelalter in das rein Menschliche ein. Die Menschen stellten sich selber dar in ihren Heiligen, in Christus und Maria, beschränkt individuell. Was dieser Kunst an Größe der Auffassung und Vollkommenheit mangelte, ersetzte ein unglaublich guter Wille und fromme Inbrunst.

Aber von der Schule jener großen, das Mittelalter beschließenden Meister an, die außer einseitig konstruktiver Fertigkeit fast nichts gerettet hatte, fehlte jene geheimnisvolle und wissenschaftliche Technik und Vollendung der Alten, der erhabene, wenn auch rohe Ernst und Schwung des Altchristentums, sowie der innige, ehrliche Wille und Glaube des Mittelalters. Der Kunst und Zeit selber hatte sich das Bild des Heiligen, des Wahren in der Kunst verwischt, sie mochte nur noch das Staubverwandte, gemein Wirkliche leiden und begreifen. Die Kunst ging fortan (wenige Meister ausgenommen) durch dick und dünn mit dem sogenannten Zeitgeiste, nach ihrer scheinbaren Bestimmung diesen stets fixierend; sie war aus der Kirche gelaufen, wo ihre Heimat ist und war, sie lief dem Zeitvertreib der Welt nach, und wenn die Kirche denn doch ihrer bedurfte, sah man, wes Geistes Kind sie geworden.

Und nun freue ich mich zu sehen, wie durch Gottes Ratschluß ein eherner, kraftvoller Genius erstand, der inmitten einer Reihe gleichstrebender Genossen mit Kühnheit und Stärke über diesen Abgrund des tollen Verfalles hinüber die gebrochene Kette der hohen, ernsten Kunst wieder zu einer ganzen schmiedete, auf daß alle echte Entwicklung eine ineinandergreifende, durch nichts Faules unterbrochene sei.

Peter Cornelius vor allen war die Aufgabe gelungen, den Genius der Jugendkraft des Christentums, des Griechentums heraufzubeschwören und dessen Fackel leuchtete ihm, als seine Hand jene hohen Bilderzyklen schuf, die sein Volk ihm verdankt, die eine Quelle des Segens geworden, auch den Schreiber dieser Zeilen einführten in den Tempel der hohen, wahren Kunst, in welchem er seinem Meister stets Treue und Dankbarkeit bewahren will. Jene Zeit des Aufschwunges, der Kunst (1800 bis ungefähr 1840) ist vergangen. Deutschland hat seine ersehnte Gestaltung noch nicht erlangt. Jene Meister scheinen auf Felsengrund zu stehen, denn alle blieben ihrem ersten Credo getreu. Sie hatten im ganzen bei der Früh=Renaissance selbst bei Giotto, Hemling u. s. w. angeknüpft. Aber in der Empfindung des heutigen Volkes lebte noch ein anderes und dieses hatten sie nicht erreicht, weder in Form noch Farbe. — Vielleicht war es, daß das erste, alte Fundament der Kunstübung unberücksichtigt geblieben (was Goethe damals bedauerte).

So kam es, daß sie nicht mehr genügten, nicht der heiligen Kirche und nicht der Welt. Das isolierte sie, und schon die zweite Generation ging dem Verwelken entgegen. Ihr Boden, auf dem diese nun stehen, ist durch immer mehr von außen kommende, zersetzende Einflüsse zerbröckelt. Die Kraft, den großen Vorläufern zu folgen, ist ihnen verschrumpft und ihr Bestreben (das wahrste Zeichen des Dahinsiechens) sucht sich in hundert Manieren Lust und Erleichterung, sinkt immer mehr in Prosa herab, gleichwie ein kranker Baum am Fuße seine Schößlinge treibt, oben aber, in der freien Krone, nichts mehr vermag. Das Volk jedoch ist konfus und teilnahmslos geworden; es war die natürliche Folge. Es drängt einen, heute zu fragen: Was ist die Ursache und was soll daraus werden? Soll bei so viel gutem Willen die wahre Kunst absterben an eigener innerer Armut und Kraftlosigkeit, oder soll ein neues Element sich erheben, die Schöpfungskraft wieder zu beleben, in dieses Chaos Licht zu werfen?

Als eines der bedeutendsten Erlebnisse ist, wie mir scheint, das Wiedererstehen längst begrabener, antikgriechischer Kunstwerke zu nennen, jener Kunst, die im Altertume eine so sittliche erziehende Macht war, daß sich das Leben und Wohl ganzer Völker gleichsam darum drehte, darauf baute. Und zwar weniger dadurch, daß sie hohe, sittliche Wahrheiten verkündet hätte (was der christlichen Offenbarung vorbehalten blieb), als daß sie vielmehr **auf die Offenbarung in der Natur, auf ihre Gesetze der Gerechtigkeit, der Wahrheit, Harmonie hinwies, diese wiederum in sich selber verkörperte, durch eine hohe Technik, die darauf begründet war.**

Als eine zweite und furchtbare Erscheinung, als ob sie dem Gefolge jener antiken Bildwerke entstammte, erhebt sich die Kritik, die, obgleich heute bereits zur tyrannischen Macht entwickelt, selten klar weiß, was sie will und nur Krittelei zu nennen ist. Eines nur läßt sich als roter Faden durchgehend verfolgen, daß sie nämlich bei der klassischen Kunst Vorzüge bemerkt und als wirkliche Vorzüge liebgewonnen hat, die zu missen bei neueren und schon vergangenen Produktionen ihr unangenehm wird. Kurz, mir scheint, **die verständige Kritik verlange nach klassischer Schule und Festigkeit** — die verständige Kritik, die auf dem Verlangen nach wahrer Kunst beruhend, selber fähig ist, die Kunst aller Zeiten zu empfinden, zu begreifen und die daraus das Notwendige für die Zukunft zu ahnen vermag.

Irgend einen Weg hiezu anzugeben oder nur die ersten Schritte zu tun, eine Naturgeschichte jener Technik zu begründen, ist ihr bis jetzt meines Wissens nicht gelungen. Sie mußte aber teilweise mit großer Präzision die Vorzüge vorhandener, antiker Kunstwerke zu nennen, — so das Verlangen nach diesen zu steigern, immer größere Lieblosigkeit gegen alles zu erregen, was, wenn noch so hohen Geistes, nicht den Vergleich in

Formvollendung aushalten mochte. So ist sie eine Macht geworden, die die Kunst zwingen will, neue Elemente in sich aufzunehmen und ihr immer peinlicher und vernichtender zuleibe geht. Das Was vermag sie auszusprechen, aber nicht das Wie, was zu erforschen allerdings eigenste Sache jener bleibt, die sich Jünger der Kunst nennen. — Ob dieses Verlangen wohl gerecht, mag die Zeit entscheiden. Ich meinerseits muß dieses Verlangen als ein berechtigtes erkennen, vermag sogar nur in ihm eine neue Zukunft für die hohe Kunst zu sehen.

Wenn wir es für einen Wink der Vorsehung halten müssen, daß eben in unserem Jahrhundert die alte, griechische Kunst wieder ans Licht gestellt, die alten Vasenbilder, die vielleicht an dreitausend Jahre verborgen lagen und so Bedeutendes in sich bergen, wieder entdeckt sind — daß Ägyptens Kunst, wenn nicht ihre ganzen Hallen, uns wenigstens ihre Grundrisse, die das Grandioseste, Entwicklungsfähigste in sich bergen, bewahren mußte, so glaube ich, müssen wir es auch für einen Wink der Vorsehung halten, daß wir allen Ernstes bei diesen Werken in die Schule gehen und forschen, was jenes Element denn sei, welches der alten klassischen Kunst Gewalt gab, heidnischen Völkern den Begriff beizubringen, daß die Welt auf Ordnung und Harmonie gegründet ist, daß das Rohe, Ungezügelte, Übermütige des Menschen Feind und unwürdig sei. Als einen Wink der Vorsehung muß ich es betrachten, als ein Gebot, daß in jenem verklärten Gewande die alten Ideen des Christentums, die Kunst, der Geist des Mittelalters wieder erstehe, daß, was unsere großen, deutschen Meister, in die Tiefen der guten Vorzeit steigend, begonnen haben, zur Vollendung komme und die Kunst wieder eine Pflanze in dem Garten Gottes werde, voll Anmut, voll Wahrheit, voll süßen Trostes, dem Lügner, Stolzen und Unzüchtigen aber auch voll schreckenden Ernstes.

In diesem Sinne scheint mir, hat sich die Kritik, welche der modernen Kunst den Tod zu bringen droht durch den Hauch der Lieblosigkeit des vernichtenden Widerspruchs, abzuklären zur Naturgeschichte der Technik im Sinne der Alten, auf daß wir unterscheiden lernen, was Wahrheit, lebendige Notwendigkeit, was Lüge und Willkür, was Liebe der Teile untereinander, was rohe, taube Dissonanz ist, daß wir erkennen die mathematischen Geheimnisse und die Weisheit der Harmonie in der Natur und auch unterscheiden lernen, was kindlich-demütige Seelenregung, Gottesliebe und was heuchlerische unnatürliche Sentimentalität ist.

Die alte, christliche Kunst soll auferstehen. Dem Geiste, aber nicht der Form nach. Diese soll vollendet sein nach der Schule der Alten. Ohne diese Schule wird sich die Kunst nie wieder zur klassischen Höhe, dadurch zur heilbringenden Gewalt erheben können.

Wohl mag dieses kritische Bestreben, das Erbe der nächsten Zukunft, wie mich dünkt, manchem die Flügel seines Phantasus lahm schlagen; aber an Werken der Phantasie haben wir eben keinen Mangel, es verlangt uns heute nach etwas anderem, und es hat von jeher nur jenes Schauen, welches von der Höhe aufeinanderfolgender Vernunftschlüsse, sei es durch Offenbarung oder durch Forschung gewonnen, geschah, wahrhaft geschaffen und nur ihm war das Vollenden eigentümlich. Das geflügelte Schauen, durch Gefühl getragene prophetische Sichaufschwingen ist als Erstes nötig, um den Glauben an das Dasein und den Gehalt einer Sache zu erwecken; aber über ein und dieselbe Sache bei gewissen Resultaten angekommen, müssen auch die mathematischen Kräfte des Menschen ihre Tätigkeit beginnen.

So fehlt es uns heutzutage in der christlichen Kunst keineswegs an Ideen, an Erfindungen, wohl aber an f e r t i g e n I d e e n. Die klassischen Meister haben aber die Kunst nicht dadurch zu jener wunderbaren Höhe gebracht, daß sie eine Sache immer wieder anders anfingen, um sie immer halbfertig zu lassen, sondern daß Generationen eine und dieselbe Idee in ihrem aufsteigenden Grad der Vollendung wieder aufnahmen, deren inneren, wahren Gehalt immer mehr und sicherer zu erkennen und aus demselben die Form naturgemäß zu entwickeln strebten.

Eine hohe, dem Menschen heilige Idee in solch gesunder, organischer Weise in einem Kunstwerk, gleichsam in einem Gefäße der Wahrheit und Harmonie vor Augen gestellt, wird ihm Trost und eine Quelle der Belehrung werden, weil es bei dauerndem Betrachten des Gehaltes selber gewinnt und dasselbe auch ertragen mag.

So beginne denn, wer sich berufen fühlt, an dieser Aufgabe zu arbeiten, und der Herr, welcher der alten Kunst eine tausendjährige und der Gothik eine drei Jahrhunderte alte Tradition gab, der alles bewahrt, was der Dauer wert ist, wird auch das Notwendige geben, damit die Bemühungen des einzelnen nicht verloren seien.

Es mag wohl mit dem Wiederbeginnen der Kunst nach antiken Prinzipien wie mit dem Erlernen einer Sprache gehen, deren Grammatik verloren ist. Wo will man sie fassen? Sehen wir doch, daß die Alten hierin selber äußerst behutsam ihren Weg machten.

Sie begannen ihre Kunst mit einer Aufrichtigkeit, mit einer Ehrfurcht vor der Wahrheit, materiell und geistig schicklich, die wir mit Staunen betrachten, die uns wie despotischer Ernst erscheint; denn unsere Phantasie ist verzärtelt, meisterlos und krankhaft geworden. Sie ist ausgeartet in blinde Willkür und führt uns an der Nase, indes in der Kunst bei vernünftigen Menschen diese Art als Taugenichts ihren Platz hat und vorn die Vernunft, der Durst nach dem lebendig Wahren, nicht nach Effekt, platznehmen müßte. — So sehen wir bei den Alten erst die Architektur in den einfachsten Zügen mit der äußersten Ökonomie gegeben. Die Plastik entwickelt sich erst in fast architekturgleicher Stilistik; denn der Prozeß, die Harmonie der erkannten lebendigen Teile zu geben, ist in geradlinigen, regulären Größen ein einfacherer, sicherer zu vollbringender, in den irregulären, gebogenen oder vielgeteilten Größen aber ein Prozeß empfindsamerer Art und erst dem durch langes Betrachten harmonischer und besonders architektonischer Werke geübten Auge, sowie dem von Kind auf in Fleisch und Blut übergegangenen Sinn für Harmonie und Notwendigkeit möglich.

Die Alten hatten zur Zeit, als ihre Blüte sich vorbereitete, bereits einen Schatz der gediegensten Werke vor Augen. Wir haben große Schätze von Ideen und Werke freier Technik vor uns. Aber mit ersteren sind wir schwach bestellt und müssen uns an jene wenigen, antiken Fragmente halten, bei ihnen in die Schule gehen, umringt von Haufen oft tollen, phantastischen Zeugs, von niederen, sinnlichen Produkten. Die Anfänge mögen darum milde Nachsicht finden.

Es erscheinen diese Theorien vielleicht allzu kühn, vielleicht hochmütig und vermessen; aber diese Gedanken sind die Resultate des Betrachtens der mich umgebenden Kunst aller Zeiten, und d e r mir das Auge gegeben, zu sehen, und die Gnade, das Wahre zu wollen, ist es ja auch, welcher das äußere Sehen in das innere verwandelt. Sein Wille sei es allein, der mich bewege!

Mit diesen Gedanken schließe ich meine Theorien ab; sie aufzuschreiben schien mir nützlich, um mit mehr Sicherheit hinfüro meinen Weg gehen zu können, sie in der Praxis anzuwenden, sie weiter zu bauen zu einem Leitfaden der Technik und ersten Versuch, sie auf Logik und Gesetz zu gründen, auf daß jüngere und reichere Talente mit der ersten Kraft in diese Bahn gelenkt, es weiter führen mögen.

Schlanders in Tirol, im Mai 1865.

Peter Lenz,
Bildhauer.